Bibliografische Information der Deutschen Nationalbibliothek:

Die Deutsche Bibliothek verzeichnet diese Publikation in der Deutschen National-
bibliografie; detaillierte bibliografische Daten sind im Internet über http://dnb.d-
nb.de/ abrufbar.

Impressum:

Copyright © 2008 GRIN Verlag, Open Publishing GmbH
Druck und Bindung: Books on Demand GmbH, Norderstedt Germany
ISBN: 9783640545995

Dieses Buch bei GRIN:

http://www.grin.com/de/e-book/145111/konzepte-und-werkzeuge-zum-online-
analytical-processing

Thomas Schaaf

Konzepte und Werkzeuge zum Online Analytical Processing

GRIN Verlag

GRIN - Your knowledge has value

Der GRIN Verlag publiziert seit 1998 wissenschaftliche Arbeiten von Studenten, Hochschullehrern und anderen Akademikern als eBook und gedrucktes Buch. Die Verlagswebsite www.grin.com ist die ideale Plattform zur Veröffentlichung von Hausarbeiten, Abschlussarbeiten, wissenschaftlichen Aufsätzen, Dissertationen und Fachbüchern.

Besuchen Sie uns im Internet:

http://www.grin.com/

http://www.facebook.com/grincom

http://www.twitter.com/grin_com

FACHHOCHSCHULE KÖLN
Cologne University of Applied Sciences

Institute for Distance Learning & Further Education
Studiengang: Verbundsstudium Wirtschaftsinformatik (Master)

Hausarbeit IT-Controlling

Konzepte und Werkzeuge zum Online Analytical Processing

Seminararbeit vorgelegt von: Thomas Schaaf

Köln, den 09.01.2009

Wintersemester 2008/2009

09.01.2009

Inhaltsverzeichnis

Darstellungsverzeichnis

Tabellenverzeichnis

Abkürzungsverzeichnis

DBMS	Datenbankmanagementsystem
DOLAP	Desktop Online Analytical Processing
FASMI	Fast Analysis of Shared Multidimensional Information
HOLAP	Hybrid Online Analytical Processing
MDBMS	Multidimensionales Datenbankmanagementsystem
MOLAP	Multidimensional Online Analytical Processing
OLAP	Online Analytical Processing
RAM	Random Access Memory
RDBMS	Relationales Datenbankmanagementsystem
ROLAP	Relational Online Analytical Processing

1   Einleitung

Diese Arbeit wurde im Rahmen des Faches IT-Controlling des Verbundstudien-
ganges Wirtschaftsinformatik (Master) erstellt. Die Arbeit dient als Prüfungser-
gebnis und ersetzt eine Klausur.

Ziel der Arbeit ist zum einen die theoretische Auseinandersetzung mit dem Thema „Online Analytical Processing" im Hinblick auf deren Konzepte und Werkzeuge. Nach Aufarbeitung der Theorie wird das erworbene Fachwissen in einem praktischen Beispiel zur Unterstützung von Führungsentscheidungen angewendet.

Die Arbeit gliedert sich in einen theoretischen und einen praktisch Teil. Der
praktische Teil dient zur Festigung des in der Theorie erworbenen Wissens.

Das theoretische Fachwissen des „Online Analytical Processing" wird in den
Kapiteln 2 bis 4 behandelt. Kapitel 2 dient als Grundlagenkapitel. Es nimmt eine
Begriffsbestimmung und –abgrenzung vor, erläutert die FASMI Kriterien und
gibt einen Überblick über mehrdimensionale Datenstrukturen. In Kapitel 3 werden die Konzepte vorgestellt. Zum einen werden die verschiedenen Architektur-
varianten analysiert, des weiteren werden die Funktionalitäten und Anforderungen an die Datenhaltung dargestellt. In Kapitel 4 werden die Anbieter und deren
Online Analytical Processing Produkte vorgestellt.

In Kapitel 5 wird der praktische Teil der OLAP Funktionalitäten wird mit Bei-
spielanwendung illustriert. Zudem wird eine beispielhaften OLAP Datenmodellierung aufgezeigt und anhand des Open-Source OLAP Systems PALO wird die
Darstellung der Multidimensionalität in MS Excel veranschaulicht.

In Kapitel 6 wird die Arbeit resümiert.

2   Grundlagen

2.1   Begriffsbestimmung und Abgrenzung

Der Begriff des „Online Analytical Processing" (kurz: OLAP) wurde 1993 von
Codd in einem White Paper gebildet. Er beschreibt allgemein eine Form der

Entscheidungsunterstützung und Datenanalyse für das Management von Unternehmen auf Basis eines Datenstandes. Diese Analyse kann als flexibel, interaktiv und multidimensional verstanden werden.[1] OLAP Systeme werden zur Datenanalyse und Informationsfindung verwendet. Diese setzen als Informationsanalysetools auf einer Datenbasis auf. Diese kann entweder ein Data Warehouse oder sonstige Datenquellen sein. Aufbauend auf dem OLAP Server bereiten Frontends die Informationen für den Endanwender grafisch so auf, dass intuitiv analysiert werden können.

Das Grundkonzept von OLAP ist die Multidimensionalität, die durch die Kombination von Dimensionen und deren Hierarchien entsteht und eine natürliche Sicht auf unternehmerische Prozesse darstellt. Die Daten werden dem Benutzer in einer realitätsnahen und leicht verständlichen Form präsentiert. Der Kern dieser Ansicht bilden Kennzahlen, wie z.b. der Unternehmensumsatz und die Verknüpfung mit Dimensionen wie z.b. Region, Zeit oder Produkt. Dadurch entseht ein multidimensionaler Raum, der gleich einem mehrdimensionalem Koordinationssystem aufgebaut ist. In jeder Zelle des Raums kann der Kennzahlenwert in Abhängigkeit der verschiedenen Dimensionen bestimmt werden.

Das OLAP Konzept entstand aus einer nicht ausreichenden Anforderung der modernen Datenanalyse bis Anfang der 90er Jahre. Eine direkte und flexible Analyse von Geschäftsdaten war durch den relationalen und flachen Aufbau der Datenstruktur von Informationssystemen bis dahin nicht möglich.[2]

Aus dieser Situation resultierten zwölf Regeln an OLAP Systeme, die Codd formulierte und, wie im Anhang A zu erkennen ist, Anforderungen an Auswertungswerkzeuge darstellen.[3]

Codd grenzt den Begriff bewusst gegen den traditionellen Begriff „Online Transaction Processing" (kurz: OLTP) ab, der die Informationsverarbeitung im Bereich der operativen Systeme definiert und im relationalen Datenbankkonzept

---

[1] Vgl. Codd, E. F./ Codd, S. B./ Salley, C. T.: Providing OLAP to User-Analysts, 1993, www.fpm.com

[2] Vgl. Marquardt, J.: Metadatendesign zur Integration von OLAP in das Wissensmanagement, 2007, S.97

[3] Vgl. Codd, E. F./ Codd, S. B./ Salley, C. T.: Providing OLAP to User-Analysts, 1993, www.fpm.com

zum Einsatz kommt. OLTP bildet die täglichen Geschäftsprozesse ab und unterstützt diese. Dazu werden aus Techniksicht nur aktuelle Detailinformation datensatzweise abgefragt. Des weiteren erfolgt beim Datenverarbeitungskonzept OLTP der Zugriff auf Daten nicht nur lesend, sondern auch schreibend und löschend. [4] Die einbezogene Datenmenge ist gering und mit einer Größenordung von Megabyte bis Gigabyte an Daten.

Dagegen werden bei OLAP historische und agreggierte Daten in mehreren Dimensionen betrachtet. Es werden dazu eine Vielzahl von Datensätzen einbezogen. Der Datenzugriff erfolgt nur lesend. Die Datengröße erstreckt sich bis zum Terrabyte-Bereich. Es ist zu beachten, dass OLAP Systeme nur sinnvoll eingesetzt werden können, wenn eine entsprechende große Datenbasis mit Dimensionen bereitsteht.

OLTP-Systeme sind für moderne Analyseanforderungen des Managements und der Fachabteilungen von Unternehmen ungeeignet:

• Sachbearbeiter verfügen im Regelfall nicht über ausreichende Kenntnisse in einer datenorientierten Sprache, d.h. Sprache der vierten Generation, um geeignete Anfragen zu formulieren.

• Die Formulierung von Abfragen ist im Vergleich zum erwarteten Ergebnis sehr zeitaufwendig. Durch Missverständnisse zwischen Sachbearbeiter und Management führen Abfragen zu falschen Ergebnissen.

• Fehlende Standardisierungen machen eine Vergleichbarkeit von Auswertungsergebnissen unmöglich, da diese auf einer unternehmensindividuellen Datenbasis beruhen.

• Die Basisdaten erstrecken sich über verschiedenste Systeme. Der Sachbearbeiter muss Zugang und Kenntnisse über die Existenz und den Umgang dieser Systeme besitzen um Transaktionen durchführen zu können.

Dennoch blieben die zwölf Regeln von Codd nicht ohne Kritik. Es lassen sich zwei Hauptkritikpunkte an den Regeln erkennen:

Zum einen sind die Regeln stark an das Produkt „Essbase" der Firma Arbor an-

---

[4] Vgl. Chamoni, P./ Gluchowski, P.: On-Line Analytical Processing, 2000, S.334.

gelehnt.[5] Die entstandene Abhängigkeit wird deutlich, weil Essbase alle Regeln erfüllt und Codd das Produkt im White Paper hervorhebt.[6] Trotzdem werden die Regeln als das Ergebnis einer objektiven Untersuchung dargelegt.[7]

Zweitens trennen die Regeln nicht zwischen fachlich-konzeptionellen und technischen Anforderungen. Es bleibt offen, ob die Multidimensionalität spezielle Speichersysteme voraussetzt.[8]

Diese Kritik löste Diskussionen aus, die zu Erweiterungen und Ergänzungen zu den Codd'schen Regeln führten. So formulierten Softwareanbieter eigene neue Regeln und veröffentlichten diese. Diese neue OLAP Kriterienschwemme veranlasste Codd 1995 , die ursprünglichen zwölf Kriterien auf achtzehn zu erweitern.[9]

Die insgesamt achtzehn Regeln wurden von Codd in vier Eigenschaften zusammengefasst: Basic Features (Regeln 1, 2, 3, 5, 8, 10, 13, 14), Special Features (Regeln 15, 16, 17, 18), Reporting Features (Regeln 4, 7 , 11) und Dimension Features (Regeln 6, 9 ,12). Diese Eingruppierung führte aber zu keinen neuen Erkenntnissen und hat für die Literatur keine große Bedeutung.[10]

2.2   Fast Analysis of Shared Multidimensional Information

Neben den Regeln von Codd fanden die von Pendse und Creeth aufgestellten Kriterien "Fast Analysis of Shared Multidimensional Information" (kurz: FASMI)

---

[5] Die Firma Arbor ging 1998 in der Hyperion Solutions Corporation auf, die noch heute Essbase unter dem Namen „BI+ Analytic Services" im Portfolio hat.

[6] Vgl. Pendse N.: The OLAP Report: Commentary: The Hyperion merger and aftermath, www.olapreport.com, 2003

[7] Vgl. Thomson E.: OLAP Solutions, 2002

[8] Vgl. Marquardt, J.: Metadatendesign zur Integration von OLAP in das Wissensmanagement, 2007, S.105.

[9] Vgl. Oehler, K.: OLAP: Grundlagen, Modellierung und betriebswirtschaftliche Lösungen, 2000, S. 106.

[10] Vgl. Pendse, N.: The OLAP Report: What is OLAP?, 2005, www.olapreport.com

in Wissenschaft und Praxis Beachtung. Diese wurden im OLAP Report veröffentlicht und stellen funktionale Anforderungen an ein OLAP System dar.[11] Wie die Abkürzung FASMI ausdrückt, beschreiben die Schlüsselwörter Fast, Analysis, Shared, Multidimensional und Information das FASMI-Konzept:[12] Wie in der im Anhang B genannten Auflistung zu erkennen ist, blenden diese Kriterien technische Aspekte weitgehend aus und stellen, wie Marquardt feststellt, Benutzeranforderungen an OLAP Systeme in den Vordergrund. Sie sind weniger spezifisch als die Codd'schen Regeln, was in der Wirtschaft als vorteilhaft aufgenommen wird.[13]

2.3 Multidimensionale Datenstruktur

Wie schon in Kapitel 2.1 beschrieben wurde, besteht die zugrunde liegende Datenstruktur eines OLAP Systems aus folgenden Komponenten:

• Kennzahlen: Zahl, die betriebliche Sachverhalte (oft in stark komprimierter Form) wiedergibt.

Beispiel: Umsatz, Preis, Menge

• Dimensionen: Beschreibung/ Konkretisierung von Kennzahlen, Gruppierung zusammengehöriger Umweltobjekte.

Beispiel.: Kunden, Artikel, Regionen

• Hierarchien (Kennzahlen- und Dimensions-): mathematisches oder sachlogisches Zusammenfassen gleichartiger Elemente über mehrere Ebenen, Aufdecken geordneter Zusammenhänge

Beispiel.: Zeithierarchie, Organisationsstruktur

Die in der OLAP Datenstruktur quantitativ vorliegenden Inhalte sind Kennzahlen. Diese stellen erfassbare Sachverhalte in verdichteter Form dar und erfüllen

---

[11] Vgl. Pendse, N.: The OLAP Report: What is OLAP?, 2005, www.olapreport.com

[12] Vgl. Becker W./ Fuchs R.: Controlling Informationssysteme, 2004, S.36-37

[13] Vgl. Marquardt, J.: Metadatendesign zur ntegration von OLAP in das Wissensmanagement, 2007, S.109

so Informationsfunktionen. Die Verdichtungsstufe einer Kennzahl kann variieren.

Kennzahlen lassen sich unterscheiden: nach *Objektbereich* (gesamt-, teilbetrieblich), nach *Additivität* (additiv, nicht additiv, semi-additiv), nach *statistischer Form* (absolut (Einzel-, Mittelwert, Summe, ...), relativ), nach *Handlungsbezug* (deskriptiv, normativ), nach *Skalenniveau* (nominal, ordinal, kardinal).

Frühwarnindikatoren sind Kennzahlen, die zu einer anderen Kennzahl einen gewissen zeitlichen Vorlauf haben. Das Monitoring von Frühwarnindikatoren hilft, Entwicklungen frühzeitig zu erkennen und so vorausschauend reagieren zu können.

Aufgrund der begrenzten Aussagekraft einzelner Kennzahlen wird in der Regel eine Menge von Kennzahlen zu einem Kennzahlensystem zusammengefasst.

Als Dimensionen werden die Perspektiven bezeichnet, nach denen eine Kennzahl betrachtet werden kann. Sie bilden den Kontext einer Kennzahl und beschreiben diese näher. Eine Dimension kann durch mehrere Attribute beschrieben werden, die oftmals in einer hierarchischen Beziehung zueinander stehen (Abstraktionsebenen, Verdichtungsstufen).

Anhang C zeigt ein mehrdimensionales Informationsobjekt mit den drei Dimensionen Zeit, Artikel und Kunde. Während eines Geschäftsprozesses ergeben sich die Dimensionsausprägungen aus den die Kennzahl beeinflussenden Kriterien bzw. aus den am Prozess beteiligten Elementen. Zu den gängigen Dimensionen einer betriebswirtschaftlichen Kennzahl gehören Artikel, Adresse (Kunde/ Lieferant), Region und Organisation.

Die Zeitdimension nimmt gegenüber den anderen Dimensionen eine Sonderstellung ein. Zum Einen wird sie als Standarddimension angesehen und zum anderen verlangt sie nach einer speziellen Bearbeitung (lineare Abfolge, Wiederholung (Montag), Planung und Kontrolle).[14]

Hierarchien bezeichnen einen vollständigen Navigationspfad in einer Dimension. Dieser orientiert sich ausschließlich an „eins zu n" Beziehungen der Attribu-

---

[14] Vgl. Inmon, W. H.: Buidling the Data Warehouse, 1996, S.252

te. Das oberste Attribute wird als „all-Attribut" bezeichnet, da dieses den größtmöglichen Verdichtungsgrad bzw. die gesamte Dimension bezeichnet.

Anhang D zeigt ein Beispiel einer Dimensionshierarchie mit weiteren Detaillernungsstufen, die durch „eins zu n" Beziehungen aufgelöst werden.

Die Datenstruktur kann als Würfel-Gebilde dargestellt werden. Dies wird in der Literatur als „Hyperwürfel" (englisch: Hypercube) bezeichnet. Die Achsen des Würfels stellen die Dimensionen dar. Generell enthalten OLAP Würfel ab vier Dimensionen. Werden nur zwei Dimensionen abgebildet, ergibt sich eine Fläche. Die Darstellung des Würfels entfällt und wird durch eine Tabelle ersetzt. Eine eindimensionale Betrachtung g eicht einer Linie. Eine nulldimensionale Datenstruktur ist genau ein Wert bzw. einzelne Zelle.[15]

Die durch den Geschäftsprozess erzeugten quantifizierten Prozessergebnisse werden durch die unternehmerische Datenerfassung erfasst und in Tabellen gespeichert. Erst in einem zweiten Schritt wird diese eindimensionale Form in Richtung einer mehrdimensionalen transformiert. Zu diesem Zweck werden die Spalten zu Ebenen einer Dimensionshierarchie (Achsen). Die Zellen des resultierenden Gebildes ergeben sich in der Regel durch Aufsummierung der Kennzahlen gemäß der Dimensionsstruktur. Dieses Verfahren entspricht dem Aufbau und Füllung eines n-dimensionalen Würfels.

3 Interaktion mit Daten und Informationen

3.1 Architekturkomponenten und Technologie

Die Realisierung eines OLAP Systems kann auf unterschiedliche Weise erfolgen. Die Unterschiede sind auf die Datenhaltungsschicht zurückzuführen: Zum einen werden Daten in relationalen Datenbankmanagementsystemen (kurz: RDBMS) gehalten. Das darauf aufbauende System wird als „ROLAP" bzw. „Relationales OLAP" bezeichnet. Zum anderen liegen Daten in multidi-

---

[15] Vgl. Oehler, K.: OLAP: Grundlagen, Modellierung und betriebswirtschaftliche Lösungen, 2000, S.55.

mensionalen Datenbankmanagementsystemen vor. Hier ist die Bezeichnung des OLAP Systems „MOLAP" bzw. „Multidimensionales OLAP".

„HOLAP" bzw. „Hyprid OLAP" ist eine Mischform aus beiden Ansätzen. Die RDBMS wird zur Speicherung historischer Detaildaten verwendet. Das MDBMS dient zur Speicherung oft verwendeter höher aggregierter Datenwürfel.

Schließlich werden „DOLAP" bzw. „Desktop-OLAP" und „FFOLAP" bzw. Flat File OLAP" Systeme genutzt, um sowohl die Präsentation als auch die Datenhaltung zentral auf einem Desktop-PC stattfinden zu lassen. Die zugrundliegende Datenbasis kann sowohl ein relationales und / oder ein multidimensionales Datenbankmanagementsystem sein.[16]

Ein ROLAP System setzt, wie in Abbildung 1 dargestellt ist, in der Regel auf einem Data Warehouse oder RDBM System auf, dass verschiedenste Datenquellen aggrigiert und in zweidimensionalen Tabellen abspeichert, analog der RDBMS der operativen Systeme.

Mehrdimensionale Ansichten werden nur virtuell durch die Verknüpfung mehrerer Tabellen erzeugt. Um betriebswirtschaftliche Analysen durchführen zu können, müssen in der Regel zusätzliche Diagnosewerkzeuge verwendet werden, die zweidimensionalen Daten aufbereiten. Vorteil dieses Systems ist zum einen die robuste Datenbanktechnologie und der Zugriff mit Standard SQL. Des weiteren können große Datenmengen, d.h. größer als hundert Gigabyte, verarbeitet werden.

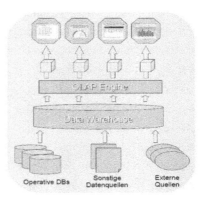

Abbildung 1: ROLAP

Quelle: Eigene Darstellung

Nachteilig erweist sich das Standard SQL für mehrdimensionale Analysen, da es dafür nur bedingt geeignet ist. Zudem müssen mehrdimensionale Informati-

---

[16] Vgl. Pendse, N.: The OLAP Report: OLAP architectures, 2006, www.olapreport.com

onsobjekte bei Anfrage berechnet werden, was zu Wartezeiten bei der Analyse führen kann.

Das MOLAP basiert auf einem MDBMS. Die Daten werden physisch in multidimensionalen Strukturen gespeichert. Aus Performancegründen werden die Daten vorverdichtet, so dass die Multidimensionalität nicht zu Anwendungszeit berechnet werden muss.

Vorteil des MOLAP sind die Antworzeiten bei kleinen Datenmengen, da diese in der Regel schon vorverdichtet vorliegen und vollständig im Hauptspeicher gehalten werden können. Zudem ist die multidimensionale Abfragesprache verständlicher und intuitiver als SQL. Nachteilig erweisen sich zum einen die inheterogenen Datenbestände, die keine einheitliche Abfragesprache zulassen. Zudem müssen komplette Datenwürfel im Hauptspeicher gehalten werden. Die daraus resultierende Datengröße wird dadurch reduziert. Eine Datenabfrage, die nicht aus dem Hauptspeicher geladen werden kann, müssen Daten von der persistenten Datenschicht nachgeladen werden. Des weiteren ist ein weiterer Negativeffekt der des „dünn besetzten" Datenwürfels, der zu Speicherplatzverschwendung führt, dadurch, dass nicht alle Kennzahlenwerte mit allen Dimensionen verknüpft werden können.

Das HOLAP unternimmt den Versuch, die Vorteile des ROLAP und des MOLAP zu vereinen. Zum einen werden rechenintensive, verdichtete Daten in einem MDBMS gehalten. Historische Daten, die keine hohen Zugriffszahlen aufweisen, werden in einem RDBMS gespeichert. Dies wird in Abbildung 2 verdeutlicht.

Durch die vielseitige Datenstruktur wird die Wartung und Pflege des HOLAP komplizierter als die des MOLAP und ROLAP. Zudem können Daten im MDBMS nur zyklisch aktualisiert we-

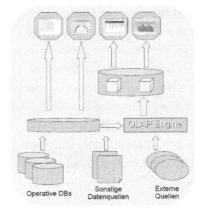

Abbildung 2: HOLAP

Quelle: Eigene Darstellung

den, beim RDBMS ist aber eine Echt-
zeit-Aktualisierung möglich.

Dieser Umstand verursacht eine zeitliche Ungleichheit zwischen den Systemen.

Das DOLAP und FFOLAP sind wie
oben schon erwähnt für Desktop-PCs
konzipiert. Sowohl die Präsentations-
als auch Datenhaltungsschicht liegen
auf dem Client. In dieser Arbeit wird
auf das FFOLAP nicht weiter eingegangen, da die Ähnlichkeit zum DO-
LAP sehr groß ist.

Die Idee des DOLAP liegt in der Por-
tabilität des Systems, der niedrigen
Kosten und vielfältigen Einsatzmög-
lichkeit. Für den Einsatz wird ein aktu-
elles Datenbankteilabbild, wie in

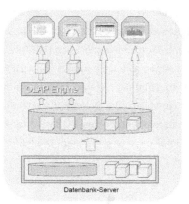

Abbildung 3: DOLAP

Quelle: Eigene Darstellung

Abbildung 3 zu erkennen ist, des Servers auf den Client übertragen und steht
damit zur weiteren Analyse bereit.

Neben den genannten Vorteilen liegen die Nachteile in der fehlenden Aktualität
der Daten, die analysiert werden, da diese immer nur zyklisch auf den Client
übertragen werden können. Hier besteht die Gefahr der Fehlinterpretation der
Daten aufgrund des alten Datenstandes. Zudem können die Daten nicht be-
reichsübergreifend analysiert werden. Des weiteren dürfen diese Daten nicht
manipuliert werden, da dies zu Inkonsistenten zwischen den Daten des Servers
und des Clients führt. Die oben schon erwähnten Performanceprobleme bei
ROLAP Systemen kommen auch hier zum tragen. Client PC können die Datenanalyse wegen der in der Regel schwachen Hardwareausstattungen nicht in
derselben Geschwindigkeit wie Serversystem durchführen.

Die unterschiedlichen Architekturen verdeutlichen, dass keine Variante grund-
sätzlich überlegen ist. Die optimale Alternative hängt vom konkreten unterneh-
merischen Lösungsfall ab. Tabelle 1 in Anhang E von Oehler fasst d e wesentli-

11

chen Merkmale der verschiedenen Alternativen zusammen (Vgl. Oehler 2000, S.125).

Sowohl nach Codd und den FASMI Kriterien sollen die Antwortenzeiten gering sein. Hier ist zu erkennen, dass diese bei den MDBMS linear verläuft wahrend die Antwortzeiten bei den RDBMS überproportional mit der Datengröße zunimmt. Trotzdem eignen sich RDBMS Systeme zur Verwaltung von großen Datenmengen. Die Datengröße von MDBMS ist begrenzt auf mehrere hundert Gigabyte. DOLAP Systeme können hier nur vergleichsweise geringe Datenmengen verwalten. Die Datengröße entspricht der eines Ausschnitts aus einer Gesamtdatenmenge eines RDBMS oder MDBMS. Auf die weiteren Kriterien wird im Detail nicht eingegangen. Die Informationen aus der Tabelle sind selbstredend.

3.2 Funktionalitäten

Die Multidimensionalität der OLAP Systeme bietet Benutzer vielfältige Interaktions- und Analysemöglichkeiten mit dem Datenbestand. Der Datenraum und der Datenbestand kann aus unterschiedlichen Blickwinkeln flexibel und intuitiv analysiert werden. Ausgangsbasis der Analyse ist ein n-dimensionaler Würfel, der einen beliebigen Verdichtungsgrad aufweist.

Zur Navigation im mehrdimensionalem Raum bieten OLAP Systeme standardmäßig zum einen die Operationen zur „hierarchischen Navigation" bei Hyperwürfel. Unter „hierarchischer Navigation" versteht man den Austausch eines Attributes. Eine Menge von Zellen wird ein einem anderen Kontext dargestellt. Zudem findet je nach Hierarchiestufe eine Aggregation oder Disaggregation von Daten statt.[17] Zusammengefasst bedeutet dies, dass die betrachtete Datenmenge zwar in einer anderen Perspektive dargestellt wird, aber ausgenommen der (Dis-)Aggregation unverändert bleibt. Es findet keine Erweiterung oder Re-

---

[17] Vgl. Determann, L.: Modellierung Analytischer Informationssysteme, 2002, S.98-99.

duzierung der Daten statt. Die Operationen der hierarchischen Navigation sind: Drill up, Drill down, Drill across, Drill-through.

Des weiteren bietet OLAP die Navigation durch die Bildung von Teilmengen. Dazu wird eine Datenmenge bewusst vermindert ohne die Verwendung der Aggregagtion.[18] Die Operation dazu werden Slicing und Dicing genannt.

Zudem gibt es die Möglichkeit anstatt der Veränderung der Zelleninhalte die Gestalt des Hyperwürfels zu ändern. Dieser Tausch von Dimensionen wird „Pivotieren" genannt.

Abschließend sind noch die Operationen „Selektion" und „Sortierung" zu nennen. Die Sortierung bietet dem Benutzer die Möglichkeit der Sortierung nach einem Ordinal- oder Kardinalwert. Mit Hilfe der Selektion hat der Benutzer die Möglichkeit, eine temporäre Auswahl an Daten zu wählen und Daten ein- oder auszublenden. Im Anhang F sind die Operationen grafisch dargestellt und beschrieben.

3.3 Anforderungen an die Datenhaltung

Ein zentraler Anforderungspunkt an OLAP Systeme ist das Konzept zur Speicherung von mehrdimensionalen Speicherstrukturen. Das Konzept hat wesentliche Auswirkungen auf die Performance des Systems.

Die Performance drückt sich in Messgrößen aus, die wie folgt beschrieben werden können: 1) Dauer, bis Anwenderanfragen beantwortet werden und 2) Dauer der Datenaufbereitung. Diese Messgrößen sind abhängig von verschiedenen Kriterien: Hardware (CPU, RAM), Datenmenge (Anzahl Datensätze, Spalten), Auslastung (Benutzer, Anfragekomplexität) und Datenmodellierung (Dimensionsstrukturen, Einrichtung).

Die Datenablage und –lieferung an das OLAP System kann im Wesentlichen über zwei Wegen erfolgen. Die Daten werden entweder auf der Festplatte oder

---

[18] Vgl. Determann, L.: Modellierung Analytischer Informationssysteme, 2002, S.101.

im RAM[19] gehalten.

Die Datenablage im RAM bzw. Datenspeicher eignet sich besonders, um Daten per Laufzeit zu berechnen. Der Zugriff ist ca. 150 mal schneller als der Festplattenzugriff.[20] Dennoch können wir weitaus weniger Daten gehalten werden, da die Speicherform im Gegensatz zur Festplatte sehr begrenzt ist.

Die alternative Speicherform der Festplatte kann im Vergleich eine große Datenmenge speichern. Der Nachteil der Zugriffszeit kann durch das Verfahren der Vorberechnung kompensiert werden. Allerdings können vorberechnete Daten nur mit sehr hohem Zeitaufwand dynamisch zur Laufzeit aktualisiert werden. Aus diesem Grund wird hier eine stapelorientierte Aktualisierung durchgeführt.

Bei der Vorberechnung bzw. Voraggregation werden für höhere Ebenen hierarchischer Dimensionen die Aggregationsergebnisse aus den Einzelwerten der Dimensionselemente vorberechnet. Diese Voraggregation findet meist nachts statt und ermöglicht so eine sehr schnelle Beantwortung von Aggregatiosanfragen. Eine uneingeschränkte Vorberechnung ist aufgrund des hohen Speicher- und Aktualisierungsaufwands nicht ratsam und kann zur Datenexplosion führen. In der Praxis erfordert eine Anfragebeantwortung daher meist die Kombination aus Voraggregation und dynamischer Berechnung aus den Detaildaten.

Man unterscheidet nach dem Zeitpunkt der Aggregation:

• *„stored"*: Werte werden auf jeder Hierarchiebene berechnet und gespeichert; nach Änderung der Basiselemente oder der Strukturen muss Berechnung erneut durchgeführt werden

• *„on-the-fly"*: nur Werte der Basiselemente werden gespeichert; bei Zugriff auf Daten der höheren Ebenen werden diese berechnet

• *„hybrid"*: nur häufig abgefragte Informationen werden vorverdichtet und gespeichert

Wie schon erwähnt, resultieren in (mehrdimensionalen) OLAP-Systemen die Vorberechnung von Daten in schnellen Antwortzeiten, führt aber zwangsweise

---

[19] Random Access Memory

[20] Vgl. Oehler, K.: OLAP: Grundlagen, Modellierung und betriebwirtschaftliche Lösungen, 2000, S.123

zum Abspeichern vieler abgeleiteter Werte zu einem Quellwert. Die Vorberechnung führt zu neuen Zellen und einer höheren Datendichte und benötigt Speicherplatz und Rechenzeit. Je mehr Dimensionen enthalten sind, desto stärker
ist der Effekt. Zudem wird, wie Abbildung 4 in dargestellt, die Anzahl leerer Zellen vergrößert, je detaillierter die Betrachtungsebene bzw. je höher die Anzahl
der Elemente der betrachteten Dimension ist. Dieser Effekt wird in der Praxis
„Sparsity" genannt.

Region	Kunde	Vetrags nummer	Wert
A	Meier	1344	10
A	Müller	1234	30
B	Schmitz	4311	20
B	Schmidt	5678	50

	Müller	Meier	Schmitz	Schmidt
A	10	30		
B			20	50

Zellen insgesamt: 8
Zellen leer: 4 (50%)

	Müller	Meier	Schmitz	Schmidt
1344	10			
1234		30		
4311			20	
5678				50

Zellen insgesamt: 16
Zellen leer: 12 (75%)

Abbildung 4: Entstehung dünn besetzter Matrizen

Quelle: Eigene Darstellung

Um die aufgezeigten Effekte und eine Datenbankexplosion zu vermeiden, sollten folgende Richtlinien berücksichtigt werden:

Datenbestände mit mehr als fünf dünn besetzten Matrizen/ Dimensionen dürfen
nicht vollständig vorberechnet werden. Ein Teil der benötigten Berechnungen
kann vorab erfolgen, weitere Berechnungen erfolgen zur Laufzeit.

Im Rahmen der Datenmodellierung ist die Zusammensetzung der Matrizen/ Dimensionen so zu wählen, dass wenig dünn besetzte Matrizen entstehen.

Der Einsatz eines Multicubes, d.h. Abbildung der Informationen in mehreren
(unterschiedlich dimensionierten) Teilwürfeln, die untereinander verknüpft sind,
anstelle eines Hypercubes reduziert die Sparsity und daher die Stärke der Datenbankexplosion.

Wie Anhang G zeigt, ist in der Praxis ein Trade-off zwischen Datenbankgröße,
Vorberechnungs- und Anfragezeit durchzuführen.

Eine geeignete Datenbankgröße kann nach Oehler nicht pauschal für OLAP Systeme empfohlen werden. Durch die sehr individuellen Systeme ist ein Vergleich und damit eine Empfehlung nicht möglich.[21]

4 OLAP Anbieter und Produkte

Anhang H zeigt in Tabelle 2 die von Pendse ermittelten OLAP Marktführer von 2006. Die Marktanteile haben sich nach seinen Analysen im Vergleich zu den vergangenen zehn Jahren stark verändert. Das Jahr 2007 war durch Firmenübernahmen geprägt. Die Großunternehmen Microsoft, SAP, IBM und Oracle haben die bis dahin führenden Unternehmen für OLAP Systeme übernommen. Oracle kaufte Hyperion. SAP folgte mit der Übernahme von OutlookSoft und dem bis dahin marktführenden Business Objects. IBM übernahm Cognos, das selbst Applix aufkaufte.

Diese Übernahmen waren ein Ergebnis der positiven Marktentwicklung von OLAP. Zum einen konnte ein positives Marktwachstum für OLAP seit 1995 verzeichnet werden. Mit anfänglich über 40% Marktwachstum von 1995 bis 1998 kann das Marktwachstum 2007 immer noch 16% aufweisen. Die Wachstumskurve verläuft stetig. Zudem steigt der Marktumsatz für OLAP Systeme seit 1994 stetig an. 2007 wurde ein weltweiter Umsatz von ca. 6,5 Milliarden US Dollar verzeichnet. Für 2008 rechnet Pendse mit einem Umsatz von 7 Milliarden US Dollar.

Aktuell führt Micosoft mit einem Markteinteil von über 30%, gefolgt von Oracle mit 21,7% und SAP mit 17,8%. Pendse rechnet in 2008 mit einem Rangwechsel. Seiner Ansicht wird IBM Marktanteile durch die Übernahme von Cognos dazugewinnen und SAP von Platz drei verdrängen.[22]

---

[21] Vgl. Oehler, K.: OLAP: Grundlagen, Modellierung und betriebwirtschaftliche Lösungen, 2000, S.133

[22] Vgl. Pendse, N.: The OLAP Report: OLAP market share analysis, 2008, www.olapreport.com

Im Vergleich zu 2007 waren die bis dahin am stärksten, auf den Umsatz bezogen, wachsenden Unternehmen nach Pendses Analysen: Business Objects, Cognos, Hyperion, MicroStrategy und Applix.[23]

Tabelle 3 in Anhang H zeigt die OLAP Produktmatrix aus dem Jahre 2006. Es ist zu erkennen, das der Großteil der OLAP Produkte sowohl für RDBMS als auch MDBMS kompatibel ist und für beide Datenbankmanagementsysteme eingesetzt werden kann.

5 Praxisbeispiel

5.1 Beispielhafte Darstellung der Funktionalitäten

In diesem Kapitel werden die OLAP Funktionen „Rotate" und „Drill down" / „Roll up" anhand von Beispielen verdeutlicht. Die Tabellen 4 bis 7 sind dem Anhang I zu entnehmen.

Anhand Tabelle 4 und Tabelle 5 wird die Funktion „Rotate" verdeutlicht. Die Dimensionen: Land, Produkte und Zeit werden von Tabelle 4 in Tabelle 5 übernommen und vertauscht.

Tabelle 6 und Tabelle 7 stellen die OLAP Funktionalität: Drill down / Roll Up exemplarisch dar. Wird Tabelle 6 in Tabelle 7 verändert, so wird die Funktionalität „Drill down" durchgeführt. Bei umgekehrter Reihenfolge von Tabelle 7 in Tabelle 6 wird das „Roll up" angewendet. Die detaillierten Beschreibungen sind im Anhang F aufgeführt.

5.2 OLAP Datenmodellierung mit Praxisbeispiel

In diesem Kapitel wird anhand eines Beispiels aufgezeigt, wie die Datenstruktur eines ROLAP Systems modelliert und realisiert wird.

---

[23] Vgl. Pendse, N.: The OLAP Report: Companyresults, 2007, www.olapreport.com

Die Datenmodellierung wird in mehreren Schritten durchgeführt. Anhang J enthält eine Abbildung, die die Datenmodellierung schrittweise darstellt. Zu Anfang wird ein semantisches Datenmodell entwickelt. Dieses ist eine Abbildung der relevanten Sachverhalte und ihrer Zusammenhänge und beschreibt die entscheidungsrelevanten Informationsobjekte. Es bildet die Grundlage für das später abzubildende Informationsangebot und nutzt die Terminologien der Endanwender. Die verwendeten Elemente sind Kennzahlen, Dimensionen, Hierarchien und Regeln.

Im Anschluss wird das semantische Datenmodell in ein Logisches übertragen. Die betriebswirtschaftlichen Begrifflichkeiten werden in Technische übersetzt. Dieses Modell bildet die Schnittstelle zwischen der Betriebswirtschaft und der Informationstechnologie. Die verschiedenen OLAP Speicherstrukturen werden berücksichtigt. Das Modell ist konzeptionell und repräsentationell.

Schließlich wird das logische Modell in das physisches Datenmodell übernommen um die Tabellenstrukturen zu speichern.[24]

Auf Basis eines Anwendungsfalls wird die OLAP Datenmodellierung auf semantischer Ebene mit Hilfe eines ADAPT Schemas, auf logischer Ebene werden Datenbanktabellen erstellt. Diese werden auf physischer Ebene normalisiert.

Der Anwendungsfall beschreibt die Erstellung eines ROLAP Datenbankmodells. Dieses dient der Analyse von Vertretern zur Darstellung der Deckungsbeiträge mit den umsatzstärksten Kunden. Zusätzlich soll analysiert werden, ob Zusammenhänge mit den Produktgruppen bestehen.

Die in Anhang K befindlichen Abbildungen zeigen den Verlauf der Datenmodellierung. Abbildung 11 zeigt beispielhaft das semantische Datenmodell in der ADAPT Notation. Es werden jeweils die Daten zu den Kennzahlen, die Zeitdaten, Kundendaten und Artikeldaten gruppiert und vernetzt. Abbildung 12 baut auf dem ADAPT Datenmodell auf überführt es in eine erste logische Datenstruktur. Dazu wird das semantische Datenmodell in eine flache Tabelle über-

---

[24] Vgl. Determann, L.: Modellierung Analytischer Informationssysteme, 2002, S.105-108.

führt. Jede Kennzahl, Dimensionsebene und jedes Attribut wird jeweils zu einer Spalte.

In einem nächsten Schritt wird die Tabelle in die Normalform überführt. Dazu wird, wie in Abbildung 13 dargestellt, die Faktentabelle gebildet. Diese besteht aus allen Kennzahlen des Datenmodells. Anschließend werden die Dimensionstabellen gebildet, wie Abbildung 14 verdeutlicht. Zusammengehörige Dimensionsdaten werden gruppiert und die Primärschlüssel gebildet. Anschließend werden in Abbildung 15 die Dimensionstabellen in die zweite oder dritte Normalform überführt. Abbildung 16 zeigt das Ergebnis eines fertigen Datenmodells. Die Tabellen sind im „Snow-Flake" Schema abgebildet, dieses Schema wird in dieser Arbeit nicht weiter ausgeführt. Die Primärschlüssel der Dimensionstabellen werden an die Faktentabelle übergeben.

5.3   OLAP-System PALO

In diesem Kapitel wird exemplarisch ein Open-Source OLAP Tool: PALO vorgestellt und exemplarisch die multidimensionale Informationsdarstellung illustriert. PALO wird mit MS Excel kombiniert. Es ist multidimensional und kann Daten hierarchisch verdichten. Palo erweitert das 2-dimensionale Zeilen/Spalten Schema von Excel auf mehr als 2 Dimensionen. Die Eigenschaften von Palo erlauben es, Excel-Informationen in Cubes abzulegen. Auf diese Weise können verschachtelte Tabellenstrukturen, die in Excel schwer handhabbar sind, in bis zu 256 Dimensionen strukturiert werden.

Abbildung 5 zeigt eine zweidimensionale Tabelle (mittig): Auf der X-Achse stehen Produkte und auf der Y-Achse ist das Budget in Kombination mit dem Jahr erfasst. Um die Zweidimensionalität aufzuheben, werden zu der jeweils ausgewählten Kennzahlen-Zelle verschiedene Dimensionen (hier 5 Dimensionen von Zelle A1 bis A5) separat angezeigt, die alle Einfluss auf die dargestellte Kennzahl haben. Um eine Dimension zu wechseln genügt es, den Wert einer Dimension zu ändern. Die Möglichen Werte einer Dimension werden in einem separaten Pop-Up Fenster dargestellt.

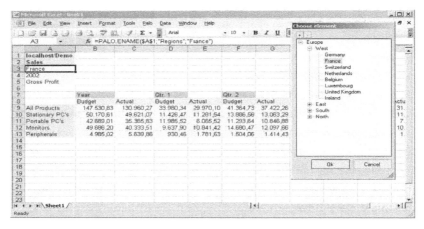

Abbildung 5: OLAP-TOOL PALO in MS Excel

Quelle: Jedox AG (Hrsg.): PALO-Server, 2008, www.jedox.com

6 Zusammenfassung

Abschließend ist festzustellen, dass der Begriffs OLAP ein von Codd definierter Begriffsdeckmantel darstellt, der computergestützte Informationssysteme zur multidimensionalen Analyse von Informationen zur Entscheidungsfindung ausdrückt. Codd wählt bewusst einen ähnlich klingenden Begriff zu dem schon existierenden OLTP, um eine Abgrenzung zu diesem zu schaffen. Seine zwölf Regeln führten den Begriff zu hoher Bekanntheit in Literatur und Wirtschaft. Dennoch wurden die Regeln durch die zu starke Abhängigkeit zu einem OLAP Produkt kritisiert. Dies führte zu einer Überschwemmung weitere OLAP Regeln. Diese Unüberschaubarkeit führte zur Entstehung des FASMI Konzepts, dass abstrakter und weniger spezifisch war, aber den Regeln von Codd vorgezogen wurde.

Des weiteren strukturiert das Grundprinzip der Multidimensionalität von OLAP Informationen in Kennzahlen, Dimensionen und Hierarchien und macht so komplexe Informationen für Endanwender analysierbar. Voraussetzung ist eine

Datenbasis. Die unterschiedlichen existierenden DBMS machen eine Unterscheidung von OLAP Architekturen notwendig. So gibt es ROLAP, MOLAP, HOLAP, DOLAP und FFOLAP Systeme, die verschiedene DBMS voraussetzen. Keins dieser Systeme erweißt sich als Schlüsselarchitektur. Die Eignung eines Systems ist abhängig der individuellen Gegebenheit.

OLAP bietet verschiedene Funktionen zur Navigation in den multidimensionalen Datenstrukturen. Die Funktionen sind für eine uneingeschränkte Datenanalyse in den Dimensionen und Hierarchien zwingend notwendig.

Des weiteren sind vor der Einführung Anforderungen an die Datenhaltung zu berücksichtigen, damit die Analysegeschwindigkeit der Daten für den Endanwender akzeptabel ist. Zum einen können Daten im RAM gehalten werden. Dies lässt ein schnelles Auslesen der Daten zu. Durch den geringen Speicherplatz des RAM müssen große Datenblöcke aus der Datenbank gelesen werden. Dies macht eine Voraggregation der Daten notwendig. Um Datenbankexplosionen zu vermeiden, sind Multicubes anstelle von Hypercubes zu wählen. Des weiteren muss die Datenmodellierung die Entstehung von dünn besetzten Matrizen vermeiden. Diese sollten nicht voraggregiert werden.

Bei Betrachtung der aktuellen Marktsituation wird deutlich, dass das Thema OLAP hohe Marktzuwachraten verzeichnet. Aus diesem Grund haben in den vergangenen Jahren Firmenübernahmen der „Global Player" wie IBM, Microsoft oder Oracle an etablierte mittelgroße OLAP Anbieter stattgefunden. OLAP Produkte erfahren durch diesen Trend eine exponentielle Marktdurchdringung und werden in Unternehmen zum strategischen Thema.

Die Praxisbeispiele in Kapitel 5 verdeutlichen zum einen die Funktionen „Rotate" und „Drill-down" / „Roll-up". Des weiteren wird beispielhaft die Erstellung eines ROLAP Datenmodells aufgezeigt. Dazu wird ein Datenmodell erst semantisch, dann logisch und schließlich physisch analysiert und erstellt.

Letztlich wird mit Hilfe des OLAP Systems PALO aufgezeigt, wie Multidimensionalität dargestellt werden kann. Hier wird aus einer zweidimensionalen Excel-Ansicht eine mehrdimensionale Ansicht generiert.

Quellenverzeichnis

Becker W./ Fuchs R [2004]
Controlling-Informationssysteme, Bd. 130 Bamberg: Universität Bamberg, 2004 (Bamberger Betriebswirtschaftliche Beiträge), S.36-37

Chamoni, P./ Gluchowski, P [2000]
On-Line Analytical Processing, in: Becker, W. / Fuchs, R. (Hrsg.): Controlling Informationssysteme. Bd. 130 Bamberg: Universität Bamberg, 2004 (Bamberger Betriebswirtschaftliche Beiträge), S.34

Codd, E. F./ Codd, S. B./ Salley, C. T. [1993]
Providing OLAP to User-Analysts: An IT-Mandate, USA San Jose September 1993, http://www.fpm.com/refer/codd.html, (05.12.2008, 14:15)

Determann, L. [2002]
Modellierung Analytischer Informationssysteme, Aachen, Rheinisch-Westfälischen Technischen Hochschule Aachen, Fakultät für Wirtschaftswissenschaften, Dissertation 2002, S.98-101.

Inmon, W. H. [1996]
Buidling the Data Warehouse, New York 1996, S. 252

Jedox AG (Hrsg.) [2008]
PALO-Server : Screenshots, 2008, http://www.jedox.com/de/enterprise-spreadsheet-server/excel-olap-server/screenshots.html (05.01.2008, 21:20)

Marquardt, J. [2007]
Metadatendesign zur Integration von Online Analytical Procssing in das Wissensmanagement, Hamburg, Universität Hamburg, Fachbereich Wirtschaftswissenschaften, Dissertation 2007, S.97

Oehler, K. [2000]
OLAP: Grundlagen, Modellierung und betriebswirtschaftliche Lösungen, München / Wien 2000, in: Marquardt, J.: Metadatendesign zur Integration von Online Analytical Procssing in das Wissensmanagement, Hamburg, Universität Hamburg, Fachbereich Wirtschaftswissenschaften, Dissertation 2007, S.106

Pendse, N [2003]
The OLAP Report: The Hyperion merger and aftermath, Juli 2003, http://www.olapreport.com/Comment_Hyperion.htm (29.12.2008, 15:00)

Pendse, N. [2005a]
The OLAP Report: Database explosion, Februar 2005, http://www.olapreport.com/DatabaseExplosion.htm (02.01.2009, 13:50)

Pendse, N. [2005b]
The OLAP Report: What is OLAP?, August 2005,
http://www.olapreport.com/fasmi.htm, (20.12.2008, 11:55)

Pendse, N. [2006]
The OLAP Report: OLAP architectures, Juni 2006,
http://www.olapreport.com/Architectures.htm (29.12.2008, 10:32)

Pendse, N. [2007]
The OLAP Report: Company results, November 2007,
http://www.olapreport.com/results.htm (03.01.2009, 11:10)

Pendse, N. [2008]
The OLAP Report: OLAP market share analysis, Juli 2008,
http://www.olapreport.com/market.htm (03.01.2009, 9:50)

Thomson, E. [2002]
OLAP Solutions: Building Multidimensional Information Systems, 2. Auflage,
New York 2002, in: Marquardt, J.: Metadatendesign zur Integration von Online
Analytical Procssing in das Wissensmanagement, Hamburg 2007, S.105

Anhangsverzeichnis

Anhang A: Die Codd'schen Anforderungen an OLAPSysteme

1. Multidimensionale konzeptionelle Sicht

Das OLAP-Werkzeug muss eine mehrdimensionale Sicht auf die Datenebene ermöglichen zwecks intuitiver Datenanalyse und einfacher Datenmodellierung.

2. Transparenz

Der Benutzer muss vollen Zugriff auf die Funktionen des OLAP Systems. Die zugrundliegende Programmtechnik und Datenebene bleibt dem Benutzer verborgen. Seine Analysetätigkeiten erfolgen über eine Benutzeroberfläche.

3. Leichter Datenzugang

Das OLAP System muss Werkzeuge bereitstellen, mit deren Hilfe alle relevanten Daten analysiert und bearbeitet werden können. Dabei muss gewährleistet sein, dass ein vollständiger Zugang zu allen operativen Daten existiert.

4. Konsistente Leistungsfähigkeit bei der Berichterstellung

Das OLAP System sollte unabhängig der Datenbankgröße und Anzahl verwendeter Dimensionen eine konstante Antwortzeit liefern.

5. Client / Server-Architektur

Durch die Mehrbenutzerfähigkeit, cen Zugriff aus unterschiedlichsten Benutzerumgebungen auf das System und die Integration unterschiedlichster Datenquellen muss das OLAP System in eine Client-Server Umgebung eingebunden werden können. Dies entspricht einer Drei-Schichten-Architektur.

6. Generische Dimensionalität

Die einzelnen Dimensionen müssen in ihrer Struktur und Funktionalität übereinstimmen. Dimensionen dürfen grundlegende Datenstrukturen nicht besonders beeinflussen.

7. Dynamische Handhabung dünn besetzter Matrizen

Die meist dünne Besetzungsdichte von Matrizen muss genutzt werden, um eine effizientere Datenspeicherung und höhere Performance des Systems zu erzielen. Dadurch darf es aber zu keiner Beeinträchtigung von Funktionen kommen. Zudem muss die Art der physikalischen Datenspeicherung veränderbar sein.

8. Mehrbenutzerunterstützung

Es müssen mehrere Benutzer das System gleichzeitig nutzen können. Der Zugriff kann dabei lesend und schreibend erfolgen. Dabei muss die Datenintegrität, - schutz und –sicherheit gewährleistet sein.

9. Unbeschränkte dimensionsübergreifende Berechnungsmöglichkeiten

Es müssen Berechnungsvorschriften für die Datenbasis definiert werden können, die dimensionsübergreifende Operationen möglich machen.

10. Intuitive Datenmanipulation und -analyse

Die Benutzerführung muss einfach und ergonomisch sein, damit ein intuitives Navigieren und Manipulieren im Datenbestand möglich ist..

11. Flexible Berichterstellung

Die Erstellung von Berichten muss so flexibel sein, dass der Benutzer Ausschnitte beliebiger freidefinierbarer Sichtweisen erstellen kann.

12. Unbegrenzte Anzahl von Dimensionen und Aggregationsebenen

Es darf keine Beschränkung in der Anzahl unterstützter Dimensionen und Aggregationsstufen im OLAP System geben. Nur so kein die betriebwirtschaftliche Realität im System uneingeschränkt abgebildet werden.

Anhang B: FASMI-Kriterien

Fast: Einfache Abfragen müssen innerhalb von fünf Sekunden und komplexe Abfragen innerhalb von zwanzig Sekunden beantwortet werden können, damit die geistige Analysearbeit des Benutzers nicht gestört wird.

Analysis: Sowohl betriebswirtschaftliche als auch statistische Analysemethoden müssen vom System zur Verfügung gestellt werden. Diese müssen ohne Kenntnis von Programmiersprachen einsetz- und durchführbar sein.

Shared: Das OLAP System muss für den Mehrbenutzerbetrieb ausgelegt sein. Zudem müssen Sicherheitsmechanismen vorhanden sein, die zum einen den Lese- und Schreibzugriff regeln und zum anderen falsche und konkurrierende Zugriffe verhindern.

Multidimensional: Diese Schlüsselanforderung verlangt die Bereitstellung der Daten in mehreren Dimensionen in Kombination mit den dazugehörigen Hierarchien. So wird eine natürliche Sicht auf die Organisation mit den verbundenen Prozessen dargestellt.

Information: Diese Informationen stellen in das OLAP System eingespielte Daten dar, die vom System in stabilen Antwortzeiten verarbeitet werden können müssen.

Anhang C: Mehrdimensionales Informationsobjekt

Diese Abbildung zeigt einen Informationswürfel mit den drei Dimensionen Zeit, Artikel und Kunde.

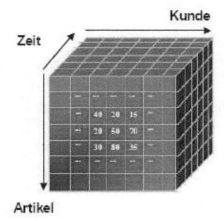

Abbildung 6: Mehrdimensionales Informationsobjekt

Quelle: Eigene Darstellung

Anhang D: Dimensionshierarchie Beispiel

Diese Abbildung zeigt ein Beispiel eine⁻ Dimensionshierarchie anhand der O-
berwarengruppen „Obst" und „Gemüse". Diese lassen sich in 1 zu n Beziehungen in weitere Detaillierungsstufen auflösen.

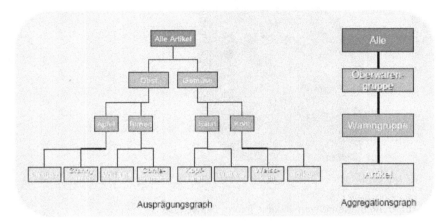

Abbildung 7: Dimensionshierarchie Beispiel

Quelle: Eigene Darstellung

Anhang E: Vergleich der OLAP Architekturen

	ROLAP	MOLAP	HOLAP	DOLAP
Antwortzeiten in Relation zur Datenbankgröße	überproportional	linear	MDBMS linear, RDBMS überproportional	MDBMS linear, RDBMS überproportional
Technisch möglicher Aktualisierungszyklus	Echtzeit	zyklisch	MDBMS-Teil zyklisch, RDBMS-Teil Echtzeit	zyklisch
Datenzugriff	SQL (lesend und schreibend)	Proprietär, API (lesend und schreibend)	Proprietär, API, SQL (lesend und schreibend)	Proprietär, API, SQL (nur lesend)
Resultierender Netzwerkverkehr bei Zugriffen	mittel	gering	mittel	Replikation: hoch Laufzeit: gering
Praktikable Größenbeschränkung pro Datenbank	Terabyte-Bereich	Mehrere hundert Gigabyte	Terabyte-Bereich	Bis 100 Megabyte
Kosten (unter der Annahme eines existierenden DW)	gering	mittel	hoch	gering

Tabelle 1: Vergleich der OLAP Architekturen

Quelle: Oehler, K.: OLAP: Grundlagen, Modellierung und betriebwirtschaftliche Lösungen, 2000, S.125

Anhang F: OLAP Funktionen

In diesem Anhang dargestellte Abbildung zeigt die standardmäßig angebotebe-
nen Funktionen eines OLAP Systems. Diese sind in dieser Arbeit zur Verdeutli-
chung aufgeführt.

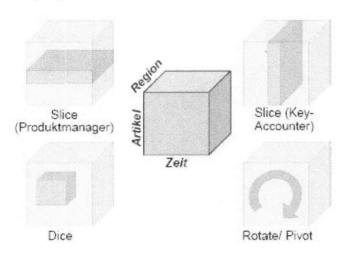

Abbildung 8: OLAP Funktionen

Quelle Eigene Darstellung

drill-down: Erhöhung des Detaillierungsgrades durch Herunterschreiten ent-
lang einer Dimensionshierarchie

drill/roll-up: Verringerung des Detaillierungsgrades durch Hinaufschreiten ent-
lang einer Dimensionshierarchie

drill-across: Anfragebearbeitung unter Einbezug mehrer Würfel/ Faktentabel-
len

drill-through: Durchgriff von der untersten Würfelebene zu den (relationalen)
Tabellen der Quelldaten

Slice: Verringern der Dimensionalität durch Einschränkung einer Dimension

Dice: Verringern der Dimensionalität durch Einschränkung mehrerer Dimensionen

Rotate/ Pivot: Ändern der Perspektive durch Drehen des Würfels (Dimensionstausch)

Sortierung: nach einem Ordinal- oder Kardinalwert

Selektion: temporäre Auswahl, Ein- und Ausblenden

Anhang G: Datenbankexplosion

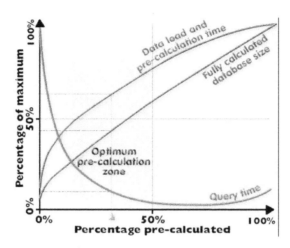

Abbildung 9: Datenbankexplosion – Prekalkulation

Quelle: Pendse, N.: The OLAP Report: Database explosion, 2005,
http://www.olapreport.com/DatabaseExplosion.htm (02.01.2009, 13:50)

Anhang H: Übersicht OLAP Anbieter

Dieser Anhang zeigt die fünf führenden Anbieter für OLAP Systeme in 2006.

Rank	Consolidated company	2006 consolidated OLAP market share	Organizational disruptive effect since	Product overlaps	Presumed effect on 2007 OLAP market share
1	Microsoft ecosystem	31.6%	None	N/A	Modest growth (business as usual)
2	Oracle (incl Hyperion)	21.7%	Severe	Significant among BI front-end tools	Stable (Growth in OBIEE, decline in Hyperion products)
3	SAP (incl Business Objects, Cartesis, OutlookSoft)	17.8%	Moderate in 2007, continuing in 2008	Significant, particularly among budgeting and consolidation applications and BI frontends	Decline (Significant disruption and heavy product overlap)
4	IBM (incl Cognos, Applix)	16.6%	Very little during 2007, some in 2008	Hardly any	Flat (No integration disruption during 2007, minimal product overlap)
5	MicroStrategy	7.3%	None	N/A	Stable (business as usual)

Tabelle 2: OLAP Anbieter - Marktanteil in 2006

Quelle: Pendse, N.: The OLAP Report: OLAP market share analysis, 2008,
www.olapreport.com

	RDBMS	MDBMS	Client-Files
SQL	Cartesis Magnitude MicroStrategy		
Serverseitige Berechnungen	Extensity MPC Hyperion Essbase Longview Khalix *Microsoft Analysis Services* Mondrian *Oracle Express (ROLAP Mode)* Oracle OLAP Option (ROLAP mode) *Pilot Analysis Server* WhiteLight	Hyperion Essbase *Oracle Express* Oracle OLAP Option AW *Microsoft Analysis Services* PowerPlay Enterprise Server *Pilot Analysis Server* Applix TM1	
Clientseitige Berechnungen	Oracle Discoverer	Comshare FDC Dimensional Insight Hyperion Enterprise Hyperion Pillar	Hyperion Intelligence BusinessObjects Cognos PowerPlay Personal Express TM1 Perspectives

Tabelle 3: OLAP Produktmatrix

Quelle: Pendse, N.: The OLAP Report: OLAP architectures, 2006,
www.olapreport.com

Anhang I: OLAP Funktionalitäten – Beispiel Rotate und Drill-down / Roll-up

Umsatz (In Tausend Euro)					
		Deutschland	Schweiz	Österreich	Alle
Äpfel	2008 Quartal 1	200	100	50	350
Birnen		120	110	30	260
Alle Produkte		320	210	80	610
Äpfel	2008 Quartal 2	180	90	50	320
Birnen		100	100	40	240
Alle Produkte		280	190	90	560
...	...	...	...	...	...
Äpfel	2008 Quartal 4	220	250	50	520
Birnen		100	130	20	250
Alle Produkte		320	380	70	780

Tabelle 4: Beispiel der OLAP Funktion: Rotate – Sicht 1

Quelle: Eigene Darstellung

Umsatz (In Tausend Euro)				
		Äpfel	Birnen	Alle
2008 Quartal 1	Deutschland	200	120	320
	Schweiz	100	110	210
	Österreich	50	30	80
	Alle Länder	350	260	610
2008 Quartal 2	Deutschland	180	100	280
	Schweiz	90	100	190
	Österreich	50	40	90
	Alle Länder	320	240	560
...	...	...	...	...
2008 Quartal 4	Deutschland	220	100	320
	Schweiz	250	130	380
	Österreich	50	20	70
	Alle Länder	520	250	780

Tabelle 5: Beispiel der OLAP Funktion: Rotate – Sicht 2

Quelle: Eigene Darstellung

Umsatz (in Tausend Euro) 2008 - Quartal 1				
	Deutschland	Schweiz	Österreich	Alle
Äpfel	200	100	50	350
Birnen	120	110	30	260
Alle Produkte	320	210	80	610

Tabelle 6: Beispiel der OLAP Funktion: Drill down – Sicht 1

Quelle: Eigene Darstellung

Umsatz (in Tausend Euro) 2008 - Quartal 1				
	Deutschland	Schweiz	Österreich	Alle
Äpfel	200	100	50	350
Braeburn	110	60	30	200
Granny Smith	90	40	20	150
Birnen	120	110	30	260
Alle Produkte	320	210	80	610

Tabelle 7: Beispiel der OLAP Funktion: Drill down – Sicht 2

Quelle: Eigene Darstellung

Anhang J: OLAP Datenmodellierung

Dieser Anhang enthält eine Abbildung, die die Arbeitsreihenfolge der Datenmodellierung für ein OLAP System zusammenfassend darstellt.

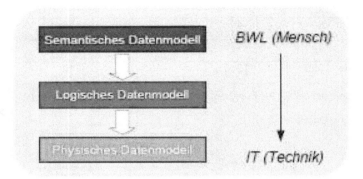

Abbildung 10: OLAP Datenmodellierung

Quelle: Eigene Darstellung.

Anhang K: Schrittweise beispielhafte Datenmodellierung

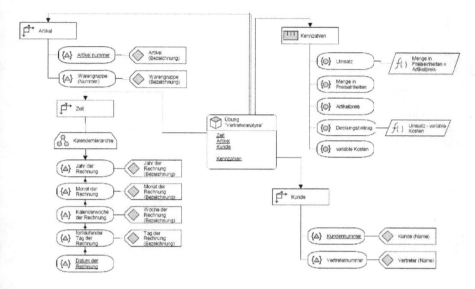

Abbildung 11: Beispielhaftes Semantisches ADAPT Datenmodell

Quelle: Eigene Darstellung

Jahr_Nr	Monat_Nr	Woche_Nr	Tag_Nr	Datum	Artikel_Nr	Warengr_Nr	Kunde_Nr	Vertreter_Nr	→

Jahr_Bez	Monat_Bez	Woche_Bez	Tag_Bez	Artikel_Bez	Warengr_Bez	Kunde_Bez	Vertreter_Bez	Umsatz	→

Menge_in_PE	Artikelpreis	DB	varKosten

Abbildung 12: Beispielhafte logische ROLAP Datenstruktur

Quelle: Eigene Darstellung

Abbildung 13: Bildung der Faktentabelle

Quelle: Eigene Darstellung

Abbildung 14: Bildung der denormalisierten Dimensionstabellen

Quelle: Eigene Darstellung

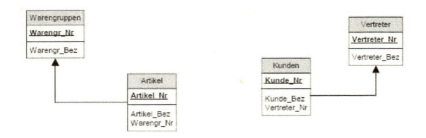

Abbildung 15: Normalisierung der Dimensionstabellen

Quelle: Eigene Darstellung

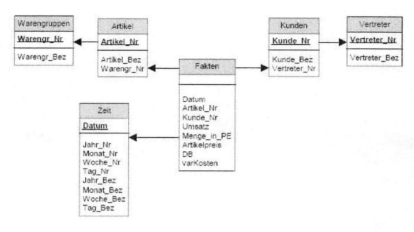

Abbildung 16: Physische Datenstruktur für das ROLAP

Quelle: Eigene Darstellung